Afstemmen en feature-engineering 61
Een algoritme weggooien 62

5. Probleemoplossing Real-world toepassingen van machinaal leren 64

Vervoer 64
Productaanbevelingen 65
Financiering 67
Spraakassistenten, slimme huizen en auto's 69

Conclusie 71

Over de auteur 72
Bitcoin Whales-bonusboek 73
Andere boeken door Alan T. Norman: 74

WAAROM IK DIT BOEK GESCHREVEN HEB

Welkom in de wereld van machinaal leren!

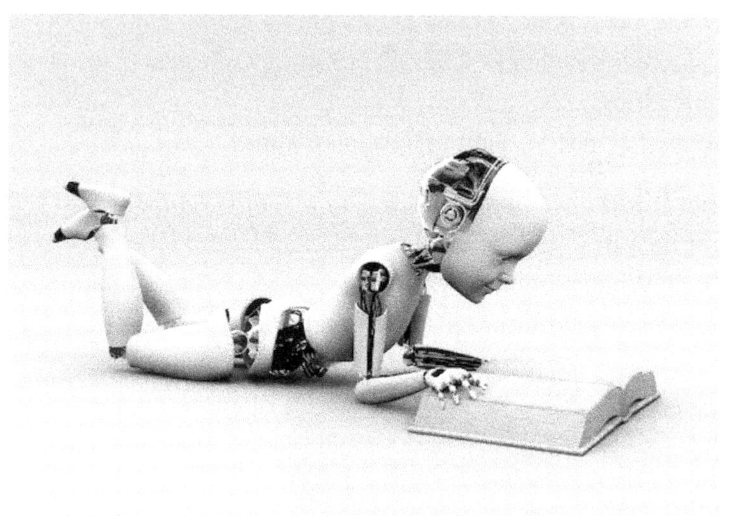

Kunstmatige intelligentie is klaar om de loop van de menselijke geschiedenis te veranderen, misschien wel meer dan welke technologie dan ook. Een groot deel van die revolutie is machinaal leren.

Machinaal leren is de wetenschap van het leren van computers om voorspellingen op basis van gegevenste te doen. Op een basisniveau houdt machinaal leren in dat u een computer een set gegevens geeft en deze om een voorspelling te doen vraagt. Al vroeg krijgt de computer veel verkeerde voorspellingen. In de loop van duizenden voorspellingen zal de computer zijn

MACHINAAL LEREN IN ACTIE

EEN PRIMER VOOR DE LEEK

Alan T. Norman

Vertaler: Zaim Mohamed

INHOUDSOPGAVE

Waarom ik dit boek geschreven heb....4

Dit boek gaat niet over het coderen van algoritmen voor machinaal leren 8

Hoofdstuk 1. Wat is machinaal leren? 11

Expliciet programmeren versus algoritme-training.... 12

Definities: kunstmatige intelligentie versus machinaal leren versus neurale netwerken 15

Basisbegrippen.... 18

Begeleid versus onbewaakt leren.... 27

Welke problemen kan machinaal leren oplossen?.... 31

De zwarte doos: wat we niet over machinaal leren weten.... 32

Dieper gaand.... 35

Hoofdstuk 2. Datasets opschonen, labelen en beheren.... 36

De dataset opschonen 37

Zeer grote datasets nodig voor ML.... 38

Moet goed worden geëtiketteerd 40

Hoofdstuk 3. Een ML-algoritme kiezen of schrijven 46

Basisbegrippen.... 47

Populaire algoritmetypen 50

Wat er nodig is om een nieuw algoritme te schrijven.... 54

Hoofdstuk 4 Een algoritme trainen en inzetten.... 57

Betrokken programmering 58

Statisch versus dynamisch 59

algoritme echter opnieuw aanpassen om betere voorspellingen te doen.

Dit type voorspellend computergebruik was voorheen onmogelijk. Computers konden eenvoudigweg niet genoeg gegevens opslaan of deze snel genoeg verwerken om effectief te leren. Nu, elk jaar, worden computers in rap tempo slimmer. Vooruitgang in gegevensopslag en verwerkingskracht drijven deze trend naar slimmere machines. Het resultaat is dat computers tegenwoordig dingen doen die tien of twee jaar geleden ondenkbaar waren.

Machinaal leren heeft al invloed op uw dagelijkse leven. Amazon gebruikt machinaal leren om te voorspellen welke producten u wilt kopen. Gmail gebruikt het om spamberichten uit je inbox te filteren. Je filmaanbevelingen op Netflix zijn op machinaal leren algoritmen gebaseerd.

De invloed van machinaal leren houdt hier echter niet op. Algoritmen voor machinaal leren doen voorspellingen in allerlei bedrijfstakken, van landbouw tot gezondheidszorg. Bovendien zullen de gevolgen ervan elk jaar in nieuwe industrieën en op manieren voelbaar zijn. Naarmate deze nieuwe toepassingen van machinaal leren opduiken, zullen we ze geleidelijk als onderdeel van het normale leven accepteren. Niettemin is deze nieuwe afhankelijkheid van intelligente machines een keerpunt in de geschiedenis van de technologie, en de trend versnelt alleen maar.

In de toekomst zullen machinaal leren en kunstmatige intelligentie over het algemeen de automatisering van veel taken die mensen tegenwoordig uitvoeren sturen. Zelfrijdende auto's vertrouwen op machinaal leren voor beeldherkenning en ze zullen in toenemende mate deel van het vervoer uitmaken, net als zelfrijdende vrachtwagens en andere voertuigen om goederen te vervoeren. Een groot deel van de landbouw en productie is nu geautomatiseerd, zodat machinaal leren het voedsel dat we consumeren en goederen die we gebruiken levert. De trend naar automatisering versnelt alleen maar. Andere machinaal leren-toepassingen kunnen het dagelijkse werk van mensen fundamenteel veranderen naarmate machines bedrevener in het beheren van processen en het voltooien van kenniswerk worden.

Aangezien machinaal leren zo'n grote impact op het dagelijks leven zal hebben, is het belangrijk dat iedereen toegang tot informatie over hoe het werkt, heeft. Daarom heb ik dit boek geschreven. Het huidige landschap voor machinaal leren-informatie is opgesplitst.

Ten eerste, zijn er verklaringen voor het grote publiek die de concepten verzachten. Deze uitleggers zorgen ervoor dat machinaal leren lijkt op iets wat alleen een expert begrijpen kan.

Ten tweede, zijn er de technische documenten geschreven door experts voor experts.

Ze sluiten het grote publiek met jargon en complexiteit uit. Het is duidelijk dat het schrijven en uitvoeren van een machinaal leren-algoritme een enorme technische prestatie is, en deze technische uitleg belangrijk is. Er zit echter een gat in de huidige literatuur over machinaal leren.

Hoe zit het met de leek die deze technologische revolutie echt wil begrijpen, niet per se om code te schrijven, maar om inzicht te krijgen in de veranderingen die om hem heen plaatsvinden? Het begrijpen van de kernconcepten van machinaal leren moet niet tot een technologische elite beperkt blijven. Deze veranderingen zijn van invloed op ons allemaal. Ze hebben ethische consequenties, en het is belangrijk dat het publiek alle voor- en nadelen van machinaal leren kent.

Daarom heb ik dit boek geschreven. Als dat interessant voor je klinkt, hoop ik dat je ervan geniet.

DIT BOEK GAAT NIET OVER HET CODEREN VAN ALGORITMEN VOOR MACHINAAL LEREN

Als dat manifesto van een inleiding niet duidelijk genoeg was: dit is geen boek over codering. Het is niet bedoeld voor computer wetenschappers om te leren hoe ze algoritmen voor machinaal leren kunnen creëren.

Om te beginnen ben ik bij lange na niet gekwalificeerd om zo'n boek te schrijven. Mensen besteden jaren aan het leren van de fijne kneepjes van het schrijven van algoritmen en trainingsnetwerken. Er zijn hele PhD-programma's die de randen van het veld verkennen, op basis van lineaire algebra en voorspellende statistieken. Als je diep in de details van machinaal leren duikt en er genoeg van houdt om een doctoraat te behalen, zou je gemakkelijk $ 300.000 tot $ 600.000 kunnen verdienen door voor een groot technologiebedrijf te werken. Dat is hoe zeldzaam en waardevol deze vaardigheden zijn.

Ik heb die kwalificaties niet, en ik denk dat dat een goede zaak is. Als je dit boek opgepakt hebt, betekent dit dat je een beginner bent die geïnteresseerd is in machinaal leren. U bent waarschijnlijk niet technisch, of als u dat wel bent, bent u op zoek naar en basisboek om u op weg te helpen met de basisconcepten. Als technologieschrijver leer ik constant over technologieën. Ik ben een student machinaal leren, en ik herinner me hoe het is om een beginner te zijn. Ik kan helpen de basisconcepten uit te leggen op een manier die gemakkelijk te begrijpen is. Als je dit boek eenmaal gelezen hebt, heb je een goed begrip van de kernprincipes die het gemakkelijker maken om naar een geavanceerder boek te gaan als je meer wilt weten.

Dat gezegd hebbend, als je denkt dat je de kernprincipes al begrijpt of als je echt een boek wilt dat je de moeren en bouten van het schrijven en trainen van een machinaal leren-algoritme kan leren, dan is dit waarschijnlijk niet het boek voor u.

Een inleiding voor de Leek

Het echte doel van dit boek is om een gemakkelijk leesbare inleiding tot machinaal leren te zijn. Mijn doel is om een boek te schrijven dat iedereen zou kunnen lezen, terwijl ik trouw aan de principes van machinaal leren blijf en niet de begrippen verdoezelt. Ik heb vertrouwen in de intelligentie van mijn lezers, en ik denk niet dat een beginnersboek noodzakelijkerwijs complexiteit en nuance moet opofferen. Dat gezegd hebbend, dit is geen groot boek, en het is lang niet allesomvattend. Degenen die in het onderwerp geïnteresseerd zijn, zullen dieper willen ingaan met andere boeken en onderzoeken.

In dit boek kijken we naar de basisconcepten en soorten machinaal leren. We zullen onderzoeken hoe ze werken. Vervolgens onderzoeken we de problemen van datasets, schrijven en trainen een algoritme. Ten slotte zullen we enkele praktijkvoorbeelden voor machinaal leren bekijken en plaatsen waar machinaal leren gebruikt kan worden.

Nogmaals welkom bij machinaal leren. Laten we aan de slag gaan.

Hoofdstuk 1. Wat is machinaal leren?

Het doel van dit eerste hoofdstuk is om een kader voor de rest van wat je in dit boek gaat lezen te scheppen. Hier zullen we de basisconcepten die we in toekomstige hoofdstukken in meer detail zullen onderzoeken vastleggen. Dit boek bouwt zichzelf op voort, en dit hoofdstuk is de barebones.

Dat gezegd, de logische plaats om te beginnen is door te definiëren wat we bedoelen als we het over machinaal leren hebben.

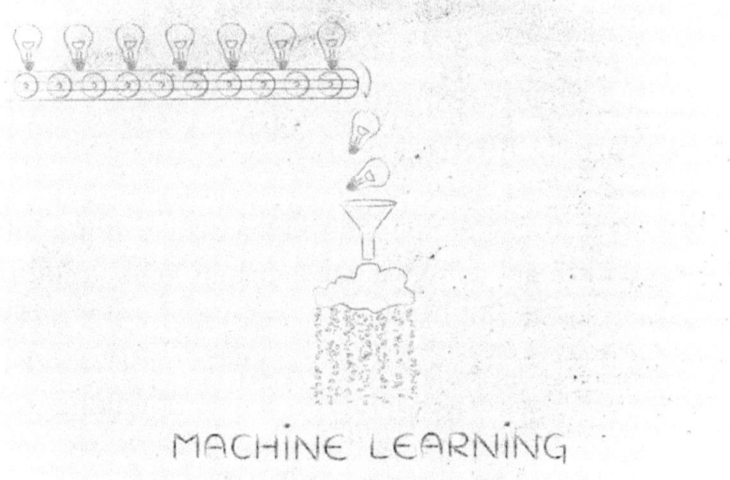

Mijn simpele definitie luidt als volgt: door machinaal leren kan een computer van ervaring leren.

Dat klinkt misschien triviaal, maar als je die definitie opsplitst, heeft dat diepgaande implicaties. Vóór machinaal leren konden computers niet door ervaring verbeteren. In plaats daarvan, wat de code ook zei, is wat de computer deed.

machinaal leren, in zijn eenvoudigste uitleg, houdt in dat een computer zijn reacties kan variëren en een terugkoppeling voor goede en slechte reacties moet introduceren. Dit betekent dat algoritmen voor machinaal leren fundamenteel verschillen van de computerprogramma's die hen zijn voorgegaan. Het verschil begrijpen tussen expliciet programmeren en algoritme-training is de eerste stap om te zien hoe machinaal leren de informatica fundamenteel verandert.

EXPLICIET PROGRAMMEREN VERSUS ALGORITME-TRAINING

Op een paar recente uitzonderingen na, is bijna elk stukje software dat je in je leven gebruikt hebt expliciet geprogrammeerd. Dat betekent dat een mens een reeks regels geschreven heeft die de computer moet volgen. Alles, van het besturingssysteem van je computer tot internet, tot apps op je telefoon, heeft code die een mens geschreven heeft. Zonder dat mensen een computer een reeks regels geven om te handelen, zou de computer niets kunnen doen.

Expliciet programmeren is geweldig. Het is de ruggengraat van alles wat we momenteel met computers doen. Het is ideaal als u een computer nodig heeft om gegevens te beheren, een waarde te berekenen of relaties voor u bij te houden. Expliciet programmeren is erg krachtig, maar heeft een bottleneck: de mens.

Dit wordt problematisch als we complexe dingen met een computer willen doen, zoals hem vragen om een foto van een kat te herkennen. Als we expliciete programmering zouden gebruiken om een computer te leren waarnaar hij bij een kat moet zoeken, zouden we jaren besteden aan het schrijven van code voor elke onvoorziene gebeurtenis. Wat als u niet alle vier poten op de foto kunt zien? Wat als de kat een andere kleur heeft? Kon de computer een zwarte kat op een zwarte achtergrond of een witte kat in de sneeuw uitkiezen?

Dit zijn allemaal dingen die we als mensen als vanzelfsprekend beschouwen. Onze hersenen herkennen dingen snel en gemakkelijk in veel contexten. Computers zijn daar niet zo goed in, en er zijn miljoenen regels expliciete code voor nodig om een computer te vertellen hoe hij een kat moet identificeren. In feit is het misschien helemaal niet mogelijk om een computer expliciet te programmeren om katten 100% nauwkeurig te identificeren, omdat de context altijd kan veranderen en je code kan verknoeien.

Dit is waar algoritmen in het spel komen. Met expliciete programmering probeerden we de computer te vertellen wat een kat is en rekening te houden met elke onvoorziene gebeurtenis in onze code. Daarentegen stellen machinaal leren-algoritmen de computer in staat om te ontdekken wat een kat is.

Om te beginnen bevat het algoritme mogelijk enkele belangrijke functies. We kunnen de computer bijvoorbeeld vertellen om naar vier poten en een staart te zoeken. Vervolgens voeden we het algoritme veel afbeeldingen. Sommige van de afbeeldingen zijn katten, maar anderen kunnen honden, bomen of willekeurige afbeeldingen zijn. Als het algoritme een schatting maakt, versterken we de juiste schattingen en geven we negatieve evaluatie voor onjuiste schattingen.

Na verloop van tijd zal de computer het algoritme gebruiken om zijn eigen model te bouwen van waarnaar moet worden gezocht om een kat te identificeren. De componenten in het computermodel zijn misschien dingen waar we in eerste instantie niet eens aan dachten. Met meer versterking en duizenden afbeeldingen, zal het algoritme geleidelijk beter worden in het identificeren van katten. Het zal misschien nooit 100% nauwkeurigheid bereiken, maar het zal nauwkeurig genoeg zijn om een beeldlabel van een menselijke kat te vervangen en efficiënter te zijn.

Algoritmen zijn richtlijnen, maar het zijn geen expliciete regels. Ze zijn een nieuwe manier om een computer te vertellen hoe hij een taak moet aanpakken. Ze introduceren terugkoppeling die zichzelf corrigeren in de loop van honderden of duizenden proeven bij een taak.

DEFINITIES: KUNSTMATIGE INTELLIGENTIE VERSUS MACHINAAL LEREN VERSUS NEURALE NETWERKEN

Dit boek gaat over machinaal leren, maar die term past binnen een grotere context. Omdat machinaal leren steeds populairder wordt, krijgt het veel berichtgeving. In die artikelen gebruiken journalisten de termen kunstmatige intelligentie, machinaal leren en neurale netwerken vaak door elkaar. Er zijn echter kleine verschillen tussen de drie termen.

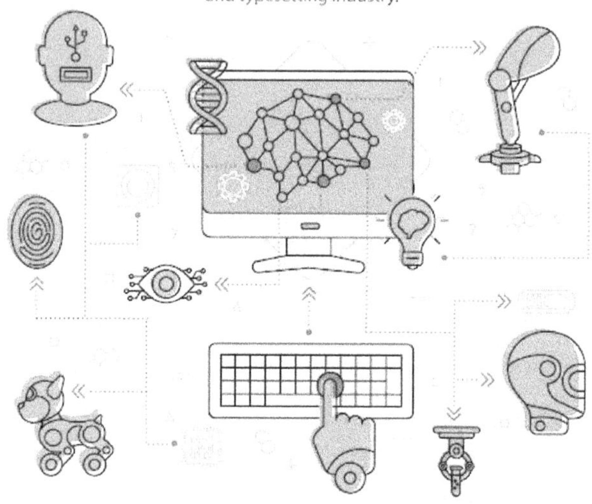

Kunstmatige intelligentie is de oudste en breedste van de drie termen. Kunstmatige intelligentie, bedacht in het midden van de 20e eeuw, verwijst naar elk moment dat een machine zijn omgeving observeert en erop reageert. Kunstmatige intelligentie staat in contrast met natuurlijke intelligentie bij mens en dier. In de loop van de tijd is de reikwijdte van kunstmatige intelligentie echter veranderd. Tekenherkenning was bijvoorbeeld een grote uitdaging voor AI. Nu is het routine en wordt het niet langer beschouwd als onderdeel van AI. Terwijl we nieuwe toepassingen voor AI ontdekken, integreren we ze in ons referentiekader voor wat normaal is, en de reikwijdte van AI strekt zich uit tot wat het volgende nieuwe ding ook is.

Machinaal leren is een specifieke subset van AI. We hebben het in dit hoofdstuk al enige tijd besteed om het te definiëren, maar het verwijst naar het geven van een terugkoppeling aan een machine waardoor het van ervaring kan leren. Als term bestaat machinaal leren pas sinds de jaren tachtig. Pas, in de afgelopen 10-15 jaar, hadden we de verwerkings- en gegevensopslagkracht om machinaal leren echt op schaal te implementeren.

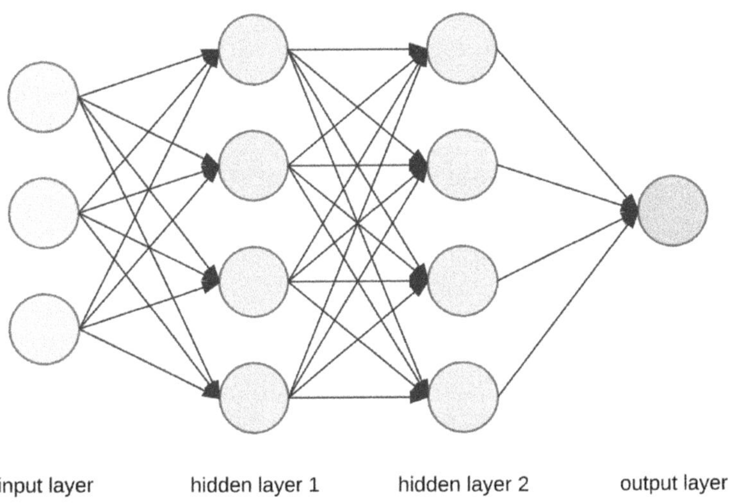

Neurale netwerken zijn een onderdeel van machinaal leren en zijn momenteel de populairste trend in de branche. Een neuraal netwerk bestaat uit vele knooppunten die samenwerken om een antwoord te produceren. Elk van de laagste knooppunten heeft een specifieke functie. Als u bijvoorbeeld naar een afbeelding kijkt, kunnen de knooppunten op laag niveau specifieke kleuren of lijnen identificeren. Latere knooppunten kunnen de lijnen in vormen groeperen, afstanden meten of zoeken naar kleurdichtheid. Elk van deze knooppunten wordt vervolgens op basis van hun impact op het uiteindelijke antwoord gewogen. In het begin zal het neurale netwerk veel fouten maken, maar in de loop van vele tests zal het de weging van elk knooppunt om beter te worden in het vinden van het juiste antwoord bijwerken.

Als u nu een artikel over AI leest, machinaal leren of neurale netwerken, begrijpt u het verschil. De sleutel is om te beseffen dat het subsets zijn. Neurale netwerken zijn slechts één type machinaal leren dat op zijn beurt slechts een onderdeel van kunstmatige intelligentie is.

BASISBEGRIPPEN

Machinaal leren kan in veel gevallen ingezet worden. Zolang er belangrijke gegevens zijn om te analyseren, kan machinaal leren helpen om er inzicht in te krijgen. Als zodanig is elk machinaal leren-project anders. Er zijn echter vijf kernonderdelen van elke machinaal leren-toepassing:

1. Het probleem

Machinaal leren is overal nuttig waar u patronen wilt herkennen en gedrag wilt voorspellen op basis van historische gegevens. Het herkennen van patronen kan van alles betekenen, van tekenherkenning tot voorspellend onderhoud tot het aanbevelen van producten aan klanten op basis van eerdere aankopen.

De computer begrijpt echter de gegevens of het probleem niet inherent. In plaats daarvan moet een datawetenschapper de computer met de juiste terugkoppeling leren waarnaar hij moet zoeken. Als de datawetenschapper het probleem niet goed definieert, levert zelfs het beste algoritme dat getraind is op de grootste dataset niet de gewenste resultaten op.

Het is duidelijk dat machinaal leren nog niet goed geschikt voor symbolisch redeneren op hoog niveau is. Een algoritme kan bijvoorbeeld een mand, kleurrijke eieren en een veld identificeren, maar het zou niet kunnen zeggen dat het een zoektocht naar paaseieren is, zoals de meeste mensen zouden doen.

Machinaal leren-projecten hebben doorgaans een zeer beperkt, specifiek probleem waarop ze een antwoord vinden. Een ander probleem vereist een nieuwe aanpak en mogelijk een ander algoritme.

2. De gegevens

Machinaal leren is mogelijk op schaal vanwege de hoeveelheid gegevens die we de afgelopen jaren zijn begonnen te verzamelen. Deze grote data-revolutie is de sleutel die tot complexe algoritmetraining geleid heeft. Gegevens vormen de kern van het afstemmen van een machinaal leren-algoritme om de juiste respons te geven.

Omdat data zo centraal bij machinaal leren staat, zijn de resultaten een directe weerspiegeling van de input. Als er een biased in de gegevens zit, zal het algoritme voor machinaal leren leren om vooringenomen te zijn. Voorspellers voor het aannemen van kandidaten, aanbevelingen voor gerechtelijke veroordelingen en medische diagnoses bijvoorbeeld allemaal gebruik van machinaal leren maken, en ze hebben allemaal een bepaald niveau van culturele, geslacht, ras, opleiding of andere vooroordelen ingebouwd in de data sets die hen trainen.

biased gaat verder dan vooroordelen bij het verzamelen van gegevens. Soms misleiden gegevens een algoritme op andere manieren. Beschouw eens het geval van een militair machinaal leren-model dat getraind is om te zoeken naar gecamoufleerde tanks in een bos. De datawetenschappers hebben het algoritme getraind op een reeks afbeeldingen, waarvan sommige tanks in de bomen hadden en andere alleen bomen hadden. Na training scoorde het model bijna perfecte nauwkeurigheid op de tests die de datawetenschappers uitvoerden. Toen het model echter in productie ging, werkte het helemaal niet om tanks te identificeren. Het blijkt dat in de trainingsdataset de foto's van tanks op een zonnige dag gemaakt zijn, terwijl de foto's met alleen het bos op een bewolkte dag gemaakt zijn. Het algoritme had geleerd om zonnige versus bewolkte dagen te identificeren, niet tanks!

Geen enkele data set is perfect, maar we kunnen voorzorgsmaatregelen nemen om ze minder bevooroordeeld te maken. De belangrijkste voorzorgsmaatregelen zijn afkomstig uit statistieken. Indien mogelijk moeten de gegevens een willekeurige steekproef van de doelpopulatie zijn. De steekproefomvang moet groot genoeg zijn om met een hoge mate van vertrouwen zinvolle conclusies uit de resultaten te trekken. Gegevens moeten nauwkeurig gelabeld worden en opgeschoond voor slechte / afgelegen gegevenspunten die het algoritme kunnen misleiden.

Er komt nog een heel hoofdstuk over gegevens, waarin we deze kwesties dieper zullen onderzoeken.

3. De algoritmen

Algoritmen zijn de belangrijkste component waar mensen aan denken als ze naar machinaal leren verwijzen. Dit is de eigenlijke code die de computer vertelt waarnaar hij moet zoeken en hoe hij de weging van mogelijke antwoorden kan op basis van de antwoorden die hij ontvangt aanpassen.

Er zijn op dit moment veel gevestigde algoritmen voor machinaal leren. Veel van deze zijn vooraf in populaire coderingsbibliotheken voor gegevenswetenschap geladen. Het creëren van een basismodel voor machinaal leren is net zo eenvoudig als het testen van meerdere vooraf gemaakte algoritmen om te zien welke het beste bij de gegevens passen. Elk model heeft zijn eigen sterke en zwakke punten, architectuur en een unieke benadering van het weging van resultaten.

Als je een programmeur die dit boek leest bent en erover om machinaal leren te leren nadenkt, maak dan niet de fout om algoritmen helemaal opnieuw te schrijven. Uiteindelijk zal elke goede machinaal leren-expert moeten weten hoe hij een algoritme moet schrijven. De standaard algoritmen worden echter industriestandaarden en werken in 80 +% van de gevallen.

Om een geheel nieuw algoritme te schrijven, zijn aanzienlijke reken-, theorie- en codeervaardigheden vereist. We hebben ook een heel hoofdstuk over algoritmen en hoe ze werken. Het volstaat te zeggen dat de algoritmen de sleutel tot een werkend machinaal leren-model zijn.

4. De training

Het trainen van een algoritme op een data set is waar de magie gebeurt bij machinaal leren. Het is het deel waar de machine echt leert. Het is ook het gedeelte waar machinaal leren bron-intensief kan worden. Als je iets ingewikkelds probeert te doen of een algoritme op een enorme dataset traint, kan het tijd en veel rekenkracht kosten om de gewenste resultaten te krijgen.

Training levert doorgaans ook afnemende opbrengsten op. Voor een bepaalde taak met een ja / nee-antwoord, kunt u met een kleine hoeveelheid training waarschijnlijk tot 80% nauwkeurig zijn. Om 90% te bereiken zou het veel langer duren. 95% zelfs nog langer, en elk extra percentage modelnauwkeurigheid dat u wilt, des te meer training (en trainingsgegevens) u nodig heeft. Dit algoritme afstemmen op nauwkeurigheid is een belangrijk onderdeel van het werk van een datawetenschapper.

Doorgaans is machinaal leren-training statisch, wat betekent dat u het model niet in realtime kunt trainen. Dit betekent dat het model in opleiding of in productie is. Met meer gebruik in productie, wordt het model niet beter. Als je het model wilt verbeteren, moet je het apart bijscholen.

Het is echter mogelijk om een model dynamisch te trainen. Deze applicaties zijn veel moeilijker en duurder om te implementeren. Ze vereisen ook dat u constant de realtime gegevens die het algoritme ontvangt bewaakt. Het voordeel is natuurlijk dat het model op inkomende gegevens reageert en na verloop van tijd niet verouderd.

Een andere uitdaging is dat het algoritme tijdens de trainingsfase naar correlatie zoekt, niet naar causaliteit.

Een goed voorbeeld hiervan is de militaire tank camouflage detector die ik hierboven noemde. Het algoritme ontdekte dat bewolkte dagen gecorreleerd met het verkrijgen van het juiste resultaat waren. Training leert het algoritme naar het juiste resultaat te zoeken, zelfs ten koste van de juiste redenen. Dit is cool als machinaal leren een variabele aangeeft die correleert met de juiste resultaten waarvan we eerder niet gedacht hadden dat ze er naar op zoek waren. Het is problematisch wanneer die correlatie op de een of andere manier een vals-positief blijkt te zijn.

Later in dit boek zullen we ook een volledig hoofdstuk over algoritme-training hebben. Dit hoofdstuk is slechts een overzicht van de basisconcepten om ons op weg te helpen.

5. De resultaten

De laatste, vaak over het hoofd geziene stap van machinaal leren is het presenteren van de resultaten. Het doel van machinaal leren is om bruikbare gegevens voor mensen te produceren. Er is veel werk dat een datawetenschapper moet doen om de context, het probleem en de oplossing van een machinaal leren-applicatie uit te leggen. Afgezien van het beantwoorden van hoe en waarom het model werkt, moeten de datawetenschappers de resultaten ook op een manier die toegankelijk is voor het eindpubliek presenteren.

In het geval van het spamfilter van Gmail betekent dit dat de spamverlagende waarde van het machinaal leren-filter moet aangetoond worden en dat het model in het Gmail-platform geïntegreerd moet worden. Voor productaanbevelingen van Amazon betekent dit het testen van de resultaten van het model in de echte wereld.

Vaak zal het voorbereiden en gebruiken van de resultaten iets aan het licht brengen dat in het originele model ontbrak. Machinaal leren-projecten zijn dus vaak iteratief, voegen meer functionaliteit toe en verschillende modellen in de loop van de tijd combineren om aan de behoeften van mensen in de echte wereld te voldoen.

BEGELEID VERSUS ONBEWAAKT LEREN

Machinaal leren kan onder supervisie, zonder toezicht of semi-supervisie plaatsvinden. De verschillende categorieën zijn afhankelijk van het type gegevens en uw doelen voor wat u met die gegevens wilt doen.

Supervised Machine Learning

The computer is given examples of inputs and typical outputs which it uses to develop and refine an algorithm. The algorithm is applied to new data and the outcome is used for further refinement. E.g. Training a computer to recognize and classify similar objects based on shape.

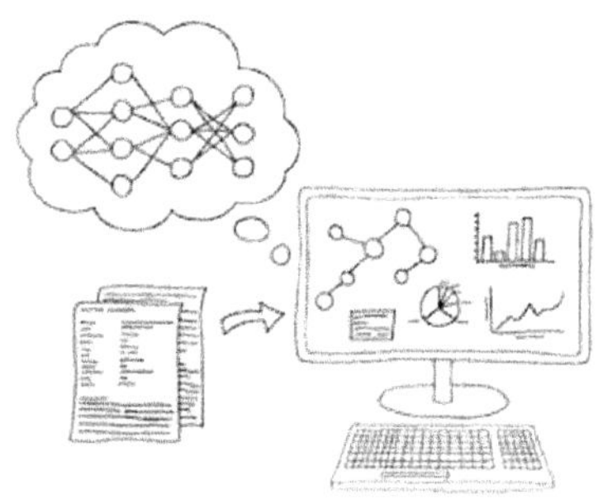

Unsupervised Machine Learning

Unsupervised machine learning is similar to learning without a teacher. The computer learns by exploring the data and finding structure and data patterns on its own. E.g. Learning to spot patterns in customer data based on purchasing behaviour.

Leren onder toezicht

Begeleid leren is de meest gebruikte en goed begrepen benadering van machinaal leren. Het omvat een invoer en uitvoer voor elk stukje gegevens in uw dataset. Een invoer kan bijvoorbeeld een afbeelding zijn en de uitvoer kan het antwoord op "is dit een kat?" zijn.

Bij begeleid leren heeft het algoritme een trainingsdataset nodig die is met de juiste antwoorden gelabeld om te kunnen leren. Die labels fungeren als een leraar die toezicht op het leren houdt. Omdat het algoritme gokt of er al dan niet een kat op de foto staat, zal de terugkoppeling van de leraar (de labels) het model helpen zichzelf af te stemmen. Het model stopt met leren wanneer het een acceptabel niveau van nauwkeurigheid bereikt of geen gelabelde trainingsgegevens meer heeft.

Begeleid leren is geweldig voor taken waarbij het model resultaten moet voorspellen. Deze voorspellingsproblemen kunnen betrekking hebben op het gebruik van statistieken om een waarde te raden (bijv. 20 kg, $ 1.498,.08 cm) of het categoriseren van gegevens op basis van bepaalde classificaties ("Kat"",groen"",blij").

Leren zonder toezicht

We gebruiken de term onbewaakt leren als de trainingsdataset geen labels met een juist antwoord heeft. In plaats daarvan laten we het algoritme zijn eigen conclusies trekken door de gegevens met zichzelf te vergelijken. Het doel is om iets te weten te komen over de onderliggende structuur of distributie van de dataset.

onbewaakt leren kan voor het clusteren van problemen gebruikt worden, waarbij de gegevens in groepen die op elkaar lijken moeten georganiseerd worden . We kunnen het ook gebruiken voor associatieproblemen om erachter te komen welke variabelen met elkaar correleren.

Semi-supervisie Leren

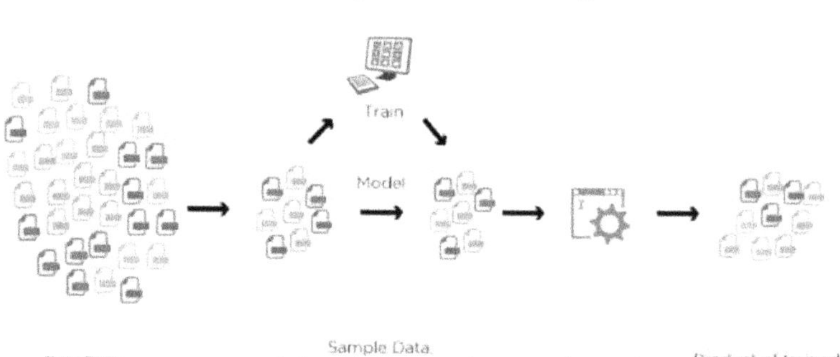

In veel gevallen is slechts een deel van de dataset gelabeld, en dat is waar semi-gestructureerd leren om de hoek komt kijken. Wanneer een meerderheid van de dataset niet gelabeld is, meestal vanwege de kosten van het inhuren van mensen om de data te labelen, kunnen we nog steeds een combinatie van gecontroleerde en niet-gecontroleerde technieken gebruiken om conclusies uit de gegevens te trekken.

onbewaakt leren kan ons bij de structuur en distributie van de dataset helpen. Vervolgens kunnen we de weinige labels die we gebruiken hebben als begeleide trainingsgegevens. Als we die data voor de rest van de dataset gebruiken, zouden we de resultaten mogelijk zelf als trainingsdata voor een nieuw model kunnen gebruiken.

Welke problemen kan machinaal leren oplossen?

Laten we eens kijken naar enkele voorbeeldproblemen die door machinaal leren kunnen aangepakt worden:

- Klanten die x gekocht hebben, zullen waarschijnlijk y kopen
- Fraudedetectie op basis van historische gegevens
- Voorraadvoorspelling en geautomatiseerde handel
- Ziekten identificeren in medische beelden
- Spraakherkenning voor spraak control
- Voorspellen van wijnproeverijen op basis van wijngaard- en klimaatgegevens
- Smaak voorspellen in muziek of tv-shows (Spotify, Netflix)
- Combinatorische chemie om nieuwe geneesmiddelen te creëren
- Diagnostiek van vliegtuigonderhoud

- Bepalend van emoties en escalerende incidenten bij telefoontjes naar klantenondersteuning
- Zelfrijdende auto's (herkennen van objecten op de weg)
- Gezichtsherkenning
- Micro-gerichte marketing en advertenties op basis van demografische gegevens
- Weersvoorspelling op basis van patronen uit het verleden

In principe is elke toepassing die classificatie, voorspelling of het detecteren van afwijkingen op basis van een grote dataset vereist, een potentieel gebruik voor machinaal leren. Machinaal leren dringt snel door in elk aspect van ons leven en zal de komende jaren een fundamentele technologie in de samenleving zijn, in sommige opzichten zoals het internet van vandaag.

DE ZWARTE DOOS: WAT WE NIET OVER MACHINAAL LEREN WETEN

Als u over machinaal leren leest, met name neurale netwerken en diep leren, zult u waarschijnlijk verwijzingen horen dat machinaal leren een "black box" Zwarte doos -model is. Als we het over zwarte dozen hebben, bedoelen we dat de innerlijke werking van het model niet helemaal duidelijk is. Het menselijk brein is bijvoorbeeld een zwarte doos-beslisser (althans op dit moment in de geschiedenis). We weten dat bepaalde delen van de hersenen verantwoordelijk voor bepaalde levensfuncties zijn. We begrijpen echter niet echt hoe de hersenen invoer verwerken en signalen verzenden om gedachten en acties (uitvoer) te creëren.

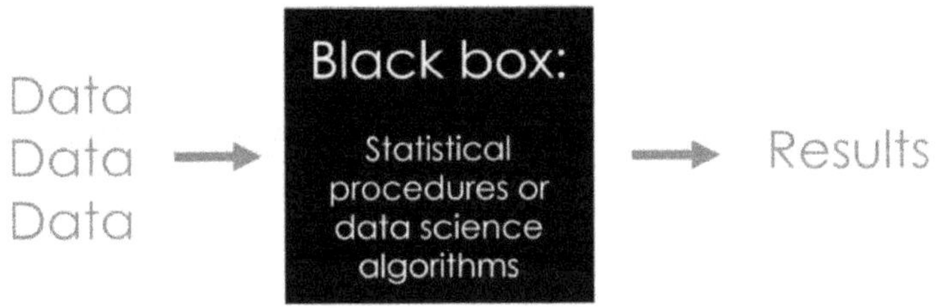

Een vergelijkbare complexiteit is van toepassing op sommige algoritmen voor machinaal leren, met name algoritmen die meerdere lagen neurale knooppunten of complexe relaties tussen veel variabelen omvatten. Het kan moeilijk zijn om op een menselijke manier uit te leggen wat het algoritme doet en waarom het werkt.

Deze zwarte-doos-terminologie is natuurlijk een beetje een verkeerde benaming in machinaal leren. We kunnen in feite de architectuur, patronen en gewichten van de verschillende knooppunten in een algoritme begrijpen. Daarom kunnen we in de zwarte doos kijken. Maar wat we daar aantreffen, is voor ons als mensen misschien niet rationeel logisch.

Zelfs de meest vooraanstaande experts ter wereld kunnen niet verklaren waarom een machinaal leren-model verschillende factoren gewogen en gecombineerd heeft, en in veel opzichten is het sterk afhankelijk van de dataset waarop het model getraind is. Het is mogelijk dat een algoritme dat op een andere trainingsdataset getraind is, een heel ander model kan creëren dat nog steeds vergelijkbare resultaten oplevert.

Ter verduidelijking: het is nuttig om algoritmen voor machinaal leren (in scenario's voor leren onder supervisie) te zien als het zoeken naar een functie waarbij f (input) = output. Wanneer we machinaal leren om die functie te modelleren gebruiken, is de functie meestal rommelig, complex en begrijpen we mogelijk niet alle relevante eigenschappen van de functie volledig. Machinaal leren stelt ons in staat om precies te zeggen wat de functie is, maar het is mogelijk dat we niet kunnen begrijpen wat de functie doet of waarom.

In die zin kunnen machinaal leren-modellen zwarte doos-problemen hebben waarvan ze te complex om te begrijpen zijn. Maar het hele veld van machinaal leren is niet per se een zwarte doos.

Toch is het verontrustend dat we de resultaten van machinaal leren soms niet kunnen begrijpen en verklaren. Net zo snel als de acceptatie van deze technologie groeit, komt machinaal leren delen van ons leven binnen die diepe, blijvende gevolgen hebben. Als een zwarte doos behandelplannen voor ziekten voorspelt, de automatische piloot van een vliegtuig bestuurt of gevangenisstraffen vaststelt, willen we dan zeker weten hoe die beslissingen genomen worden? Of vertrouwen we op de machines en de wetenschappers achter de algoritmen om op onze belangen te letten?

Dit is een voortdurend debat in het hart van de machinaal leren-revolutie. Enerzijds kan vertrouwen in algoritmen en modellen tot het redden van levens leiden, meer welvaart en wetenschappelijke prestaties. De afweging in transparantie is echter reëel. We kunnen niet definitief zeggen waarom onze voorspellingen juist zijn, alleen dat het algoritme gelooft dat er een kans van 97,2% dat ze kloppen is.

Ik heb geen antwoord dat dit debat netjes kan sluiten. In plaats daarvan moet u uw eigen mening vormen op basis van de voor- en nadelen die u in machinaal leren in dit boek en andere lectuur ziet. Als je in dit probleem geïnteresseerd bent, raad ik het artikel "The Dark Secret at the Heart of AI" van de MIT Technologie Review (beschikbaar online) aan om meer te leren.

DIEPER GAAND

Hopelijk heeft dit hoofdstuk een gemakkelijk te verteren, breed overzicht van hoe alles in elkaar past gegeven en wat je van elk deelhoofdstuk verwachten kunt. In de volgende hoofdstukken gaan we dieper in op de moeren en bouten van machinaal leren.

HOOFDSTUK 2. DATASETS OPSCHONEN, LABELEN EN BEHEREN

Nadat een datawetenschapper een probleem dat hij graag oplossen wil gedefinieerd heeft, is de eerste stap in elk machinaal leren-avontuur het vinden van een dataset waarmee hij kan werken. Dat is misschien moeilijker dan het in eerste instantie klinkt. Hoewel we zeker in het tijdperk van big data leven, kan het een uitdaging zijn om schone gegevens te vinden die goed gelabeld zijn voor begeleid leren met de nodige variabelen.

Het kiezen van de juiste dataset en het hebben van voldoende data voor training is cruciaal voor het succes van een machinaal leren-project. Gegevens die scheef of onvolledig zijn, kunnen tot het creëren van een machinaal leren-model dat bevooroordeeld of ronduit nutteloos is leiden.

Het goede nieuws is dat er veel potentiële gegevens beschikbaar zijn. Wanneer een datawetenschapper in een zakelijke omgeving werkt, heeft het bedrijf meestal al enkele gegevens die ze willen analyseren. Deze bedrijfsgegevens moeten mogelijk ook aan gegevens uit openbare bronnen gekoppeld worden.

Satellietbeelden van Landsat worden bijvoorbeeld dagelijks op Amazon Web Services bijgewerkt en u kunt constructie of ontbossing met een algoritme voor machinaal leren volgen. Open source mapping van OpenStreetMap zou de basis kunnen vormen van een probleem met het in kaart brengen van klanten. Informatie van de US Census kan demografische informatie over een gebied geven. U kunt menselijke genomen gesequentieerd en beschikbaar vinden om genetische variatie te onderzoeken. Deutsche Bank geeft real-time financiële marktgegevens vrij die een machinaal leren-project over markttrends mogelijk maken.

Er is geen gebrek aan potentiële projecten. Maar voordat al deze gegevens gebruikt worden, moeten datawetenschappers er zeker van zijn dat ze aan een paar criteria voldoen.

DE DATASET OPSCHONEN

Dit is redelijk eenvoudig, maar het niet verwijderen van slechte waarden heeft gevolgen voor de prestaties van het model. De eerste stap bij het opschonen van een dataset is het verwijderen van alle archief die sleutelvariabelen missen. Vervolgens helpen eenvoudige statistische methoden onderzoekers om uitschieters te identificeren en te verwijderen. Andere informatie die datawetenschappers vaak verwijderen, is telkens wanneer meerdere kolommen sterk gecorreleerd zijn. Ze zoeken ook naar variabelen waarbij de volledige dataset een variantie van bijna nul vertoont.

Door deze gegevensopschoning kan een grote gegevensset vaak tot een fractie van de oorspronkelijke grootte die daadwerkelijk kan voor machinaal leren gebruikt worden teruggebracht worden.

ZEER GROTE DATASETS NODIG VOOR ML

Enkele eenvoudige algoritmen kunnen op een kleine dataset leren. Als je echter een complex probleem hebt dat je met machinaal leren wilt oplossen, heb je een grote trainingsdataset nodig. Er zijn een paar redenen waarom dit het geval is.

Kleine datasets kunnen met succes voor machinaal leren werken wanneer u een model gebruikt dat weinig complex is. Hoe genuanceerder u echter wilt dat uw resultaten zijn, hoe groter de kans dat u het model op de gegevens overdrijft. Boven fitting is wanneer het model brede aannames op basis van beperkte gegevens maakt. Dit wordt boven fitting genoemd, omdat het model scheeftrekt naar hoge, lage of anderszins afgelegen gegevenspunten. Het echte antwoord ligt misschien iets dichter bij het midden, maar aangezien uw dataset beperkt was, zal het model met vooroordeel het bericht en de geluidstraininggegevens vastleggen. In wezen heeft het model de trainingsgegevens te goed geleerd en geen algemeen beeld gekregen.

Met meer gegevens kan het model nauwkeurigere gemiddelden krijgen en begint met het doorzoeken door de ruis. Dat is intuïtief logisch, maar hoe bepalen datawetenschappers hoeveel data voldoende zijn?

Welnu, dat antwoord is deels statistieken en deels beschikbare computerbronnen. Het hangt ook af van de complexiteit van het algoritme.

Curves leren

Wanneer datawetenschappers te veel gegevens hebben, gebruiken ze zoiets als een leercurve om de voorspellingsnauwkeurigheid tegen de grootte van de trainingsset uit te zetten. Het algoritme kan bijvoorbeeld 80% nauwkeurigheid na 100 trainingsmonsters en 90% nauwkeurigheid na 200 monsters bereiken. Datawetenschappers kunnen die curve blijven volgen om te zien waar de nauwkeurigheid maximaal is en hoeveel trainingsvoorbeelden om daar te komen ze nodig hebben.

kruisvalidatie

Een andere overweging om te bepalen of u voldoende gegevens heeft, is kruisvalidatie. Naast de trainingsgegevens hebben datawetenschappers een deel van de oorspronkelijke dataset opzij gezet om te testen of het algoritme succesvol is. Een veelvoorkomend schema is bijvoorbeeld 10-voudige kruisvalidatie. De originele dataset wordt opgesplitst in 10 gelijke groepen. Een groep wordt apart gezet en de datawetenschappers trainen het model met de overige negen groepen. Wanneer de modeltraining voltooid is, voeren ze het model uit op basis van de gegevens die ze opzij gezet hebben om te testen hoe nauwkeurig het presteert.

Kruisvalidatie kost meer tijd, omdat u de modellen trainen moet en ze vervolgens uitvoeren moet, waarbij u vaak meerdere algoritmen vergelijkt om te zien welke het beste presteert. De extra tijd is het echter waard. Kruisvalidatie is essentieel voor het bouwen van een succesvol machinaal leren-model, omdat het onderzoekers in staat stelt fouten vroeg in het proces te identificeren en te corrigeren.

MOET GOED WORDEN GEËTIKETTEERD

Om zonder toezicht te leren, hebt u alleen een goede, grote dataset nodig. Van daaruit kunt u enkele conclusies over trends of clusters in de gegevens trekken. Ongecontroleerde leerapplicaties zijn echter in het soort conclusies dat ze kunnen trekken beperkt. Voor de meeste machinaal leren-toepassingen waarbij u invoervariabelen om een uitkomst te voorspellen wilt gebruiken, moet u onder toezicht leren.

Begeleid leren vereist een dataset die gelabeld met de juiste antwoorden is. Een eenvoudige manier om erover na te denken, is dat het algoritme een schatting maakt en vervolgens het label gebruikt om het antwoord te controleren. Als het antwoord juist is, weet het algoritme het gewicht te vergroten dat het aan de factoren die aan het juiste antwoord bijgedragen hebben toekent. Als het antwoord onjuist wordt, zal het algoritme het gewicht dat aan de factoren die het verkeerde antwoord opgeleverd hebben het toekent, verminderen of anderszins aanpassen.

De uitdaging is natuurlijk dat de meeste gegevens niet gelabeld zijn. Bedrijven en overheden jaarlijks een enorme hoeveelheid data verzamelen, maar die data komen niet met de antwoorden voor de hand. (Als dat het geval was, zou het niet veel zin hebben voor machinaal leren of voorspellende statistieken!) Voordat we een algoritme voor leren onder supervisie kunnen trainen, moeten we labels aan de onbewerkte gegevens toevoegen om deze bruikbaar te maken.

Een algoritme werkt bijvoorbeeld in computer visie en we hebben het nodig om stoptekens correct te identificeren. We hebben misschien een heleboel afbeeldingen, maar we moeten doorlopen en labelen of er al dan niet een stopteken in elk van de afbeeldingen staat.

Het labelen van gegevens kan een van de duurste en meest tijdrovende onderdelen van het trainen van een machinaal leren-algoritme zijn. Het is ook een risico dat slechte of onnauwkeurige labels vooringenomenheid in de trainingsdataset kunnen introduceren en het hele project in gevaar kunnen brengen.

Als de gegevens nog geen labels hebben, zijn er over het algemeen twee manieren waarop we die labels kunnen toevoegen.

Door mensen gelabelde gegevens

Vaak gebruiken we machinaal leren om computers taken te leren uitvoeren waar wij mensen intuïtief goed in zijn. Het voorbeeld van het stopbord is een goed voorbeeld. Als we een achthoekige, rode vorm zien met STOP, weten we waar we naar kijken. Onze hersenen zijn goed in het begrijpen van context. Zelfs als we het hele bord niet kunnen zien, er graffiti op staat, of het staat in een rare hoek, kunnen we nog steeds een stopbord als we er een zien herkennen. Machines kunnen dat niet intuïtief doen.

Als zodanig is de beste manier om datasets te labelen dat mensen het doen. Datawetenschappers hebben echte mensen in dienst om datasets te doorzoeken en het werk dat de computer uiteindelijk zal leren te doen. Het kan gaan om het identificeren van stopborden op foto's, het inschatten van afstanden, het lezen van woorden, het herkennen van gezichtsuitdrukkingen, het interpreteren van kaarten of zelfs het maken van esthetische of ethische oordelen. Er is een argument dat het labelen van gegevens de nieuwe blue-collar job van het AI-tijdperk zou kunnen zijn. De vraag naar labelers zal zo groot zijn, omdat elke nieuwe ML-applicatie een trainingsdataset vereist.

Menselijke labelers zijn geweldig in deze taken. In vergelijking met computers zijn ze echter traag. Echte mensen betalen om gegevens te labelen is ook duur, onbetaalbaar voor sommige gevallen. Zoals we hierboven al besproken hebben, zijn mensen ook bevooroordeeld. Als een labeler of een groep labelers een biased heeft, zal die biased waarschijnlijk in het uiteindelijke model verschijnen.

Een extra overweging is dat mensen soms niet zo goed in labelen zijn. Ze kunnen een verkeerde inschatting of te snel conclusies trekken maken. Als mensen zijn we overmoedig in onze eigen mening, soms ten koste van de objectieve waarheid. Wanneer we machinaal leren in meer genuanceerde gebruik-gevallen inzetten, zijn dit allemaal overwegingen waarmee we rekening moeten houden.

Dat gezegd hebbend, mensen zijn nog steeds de beste datalabels die we hebben. Er zijn nu echter pogingen om computers ook deel te laten nemen aan het labelgedeelte van machinaal leren.

Synthetische gegevens

Synthetische data is een opkomend veld in machinaal leren. Het basisidee is om een computer te gebruiken om vanaf het begin gelabelde datasets te genereren.

Neem bijvoorbeeld ons probleem met het stopbord. We zouden een stopbord kunnen modelleren in een 3D CGI-omgeving. Vervolgens konden we afbeeldingen van dat CGI-stopbord weergeven in verschillende achtergronden, hoeken en lichtomstandigheden. De resulterende dataset zou een grote hoeveelheid variatie hebben die we zouden kunnen controleren. Het zou al gelabeld zijn op basis van of het stopteken in de weergegeven afbeelding verscheen.

Deze aanpak is spannend omdat, het ons in staat stelt om zeer snel complexe datasets te maken. Ze zijn vooraf gelabeld en geformatteerd om in een algoritme ingevoerd te worden. We weten ook dat de labels objectief correct zijn. We kunnen verschillende variabelen in de synthetische dataset met hoge precisie meten.

Natuurlijk zijn er ook nadelen. De grootste uitdaging is domeinoverdracht. Deze beeldweergave en andere soorten synthetische gegevens moeten trouw aan het echte woord zijn. Uiteindelijk is het de bedoeling dat het machinaal leren-model in de echte wereld werkt. De angst is dat, als we het op door de computer gegenereerde gegevens trainen, het model misschien goed in het herkennen van weergegeven stoptekens is, maar niet in echte. Het oplossen van deze problemen met getrouwheid en domeinoverdracht is een grote uitdaging voor voorstanders van synthetische gegevens.

Synthetische gegevens hoeven ook niet per se goedkoper te zijn dan door mensen gelabelde gegevens. Het creëren van een synthetische dataset vereist een hoog niveau van expertise. Het betalen van dergelijke experts zou vooraf een aanzienlijke investering vergen. Een dergelijke benadering heeft waarschijnlijk alleen zin als u duizenden gegevenspunten nodig hebt, aangezien een gebeurtenis voor het genereren van synthetische gegevens veel gemakkelijker kan geschaald worden dan door mensen gelabelde gegevens.

Ten slotte kunnen synthetische gegevens niet helpen met labels die inherent op mensen gebaseerd zijn, zoals esthetiek of ethiek. Uiteindelijk zullen we waarschijnlijk eindigen met een combinatie van synthetische en door mensen gelabelde gegevens voor het leren onder supervisie.

HOOFDSTUK 3. EEN ML-ALGORITME KIEZEN OF SCHRIJVEN

Dit hoofdstuk kan heel snel erg rommelig en verwarrend worden. Dat komt, omdat algoritmen voor machinaal leren afhankelijk van complexe statistieken en wiskunde zijn om hun resultaten te verbeteren. Om ML-algoritmen echt te begrijpen, zou je gesuperviseerd / niet-gecontroleerd leren, topologische data-analyse, optimalisatiemethoden, dimensionaliteitsreductiestrategieën, computationele differentiëlegeometrie en differentiëlevergelijkingen willen bestuderen. Aangezien dit echter een boek voor beginners is, en ik zeker geen expert op het gebied van ML-algoritmen ben, zal ik de wiskunde vermijden en mijn best doen om ze eenvoudig uit te leggen.

Er zijn hele PhD-programma's op het gebied van algoritmen voor machinaal leren. Je zou jaren kunnen om een expert op dit gebied te worden besteden, dus het is onmogelijk om het allemaal in een boekhoofdstuk uit te leggen. Dat gezegd hebbend, als de inhoud van dit hoofdstuk u interesseert, kan het behalen van een doctoraat in machinaal leren veel opleveren. Techbedrijven halen promovendi op en bieden hen salarissen van $ 300.000 tot $ 600.000 om de algoritmen voor de nieuwste en beste machinaal leren-toepassingen te schrijven.

Ik ben niet gepromoveerd in machinaal leren, en als je dit boek leest, ben je sowieso een beginner van de concepten. Laten we dus eens kijken naar de meest elementaire functies van een algoritme voor machinaal leren, zonder in de wiskunde te komen.

BASISBEGRIPPEN

We hebben al de basisprincipes besproken van hoe machinaal leren werkt. Laten we nu wat dieper op wat een algoritme precies met de gegevens doet ingaan. Elk algoritme is anders, maar er zijn enkele overeenkomsten:

- Invoer - Alle algoritmen hebben een soort invoergegevens nodig. In datawetenschapstoepassingen kan dat zo klein als een enkele variabele zijn. Het is echter waarschijnlijker dat het model de relatie tussen tientallen, honderden of zelfs duizenden variabelen op elk moment leert.

  Voor complexere toepassingen, zoals computervisie, hebben we manieren nodig om visuele informatie in variabelen die de computer kan begrijpen om te zetten. Er zijn verschillende benaderingen, afhankelijk van de context en het probleem dat u probeert op te lossen. Onnodig te zeggen dat zelfs het invoeren van gegevens in een algoritme gecompliceerd kan zijn, voordat de machine zelfs, maar iets leert.

Het kiezen of maken van een algoritme is sterk afhankelijk van de gegevens die u eraan moet toevoegen en de context.

- Uitvoervectoren - Aan het einde van elk machinaal leren-project wilt u een soort uitvoer. Het is echter niet altijd duidelijk welke gegevens u precies nodig heeft om aan uw project te voldoen. Het kiezen van uitvoervectoren kan ingewikkelder zijn dan het op het eerste gezicht lijkt.

  Bij veel projecten zal de output natuurlijk duidelijk zijn, afhankelijk van uw doelstellingen. Niettemin, aangezien machinaal leren gebieden die meer genuanceerd en ambigu zijn binnendringt, kan het kiezen en coördineren van outputs een taak op zich zijn. U kunt het juiste algoritme voor uw project niet kiezen als u geen duidelijk idee van het verwachte resultaat heeft.

- Aanpassing - Machinaal leren-algoritmen gebruiken terugkoppelingen om een model aan de gegevens te passen. Dit kan op verschillende manieren gebeuren. Soms zal een algoritme een willekeurige combinatie van factoren proberen totdat er een begint te werken, en die combinatie zal bij toekomstige trainingstests een hoger gewicht krijgen. Andere keren heeft het algoritme een ingebouwde methode om een trend in de gegevens te vinden en aan te passen die in de loop van de tijd geleidelijk aangepast wordt.

Dit is waar datawetenschappers voorzichtig moeten zijn. Soms leert een algoritme te goed bij zijn trainingsgegevens te passen. Dat wil zeggen dat het model te specifiek is geworden voor de gegevens waarop het getraind is en niet langer algemene trends of classificaties in de echte wereld voorspelt. In wezen heeft het algoritme zijn trainingsgegevens te goed geleerd. Dit wordt "boven fitting" genoemd en het is een belangrijk concept om te begrijpen bij machinaal leren. Wanneer datawetenschappers modellen trainen, moeten ze ervoor zorgen dat hun modellen een dunne lijn tussen het doen van specifieke voorspellingen en het algemeen accuraat zijn bewandelen.

Datawetenschappers besteden veel tijd aan het over nadenken en het aanpassen van hun algoritmen om overmatig passen te verminderen. Ze testen echter ook meerdere algoritmen naast elkaar tegelijk om te zien welke het beste na de training presteren.

Een belangrijk onderdeel van het kiezen of schrijven van een algoritme is begrijpen hoe het algoritme zich in de loop van de tijd als reactie op trainingsgegevens aanpast. Deze terugkoppelingen zijn vaak waar de complexe wiskunde een rol speelt om het algoritme te helpen beslissen welke factoren aan het succes bijgedragen hebben en daarom zwaarder gewogen moeten worden. Ze helpen het algoritme ook om te bepalen hoeveel het gewicht van een bijdragende factor verhoogd of verlaagd moet worden.

POPULAIRE ALGORITMETYPEN

Oké, dus we hebben een algemeen overzicht gegeven van hoe een algoritme werkt. Laten we eens kijken naar enkele van de meest populaire om meer specifieke details over hoe ze allemaal werken te krijgen.

Lineaire regressie

Dit is een eenvoudig algoritme dat op concepten gebaseerd is die in de meeste Statistics 101-klassen onderwezen worden. Lineaire regressie is de uitdaging om een rechte lijn aan een reeks punten te koppelen. Deze lijn probeert de algemene trend voor een dataset te voorspellen en u kunt de lijn om een waarschijnlijkheidsvoorspelling voor nieuwe datapunten te doen gebruiken.

Er zijn meerdere benaderingen voor lineaire regressie, maar elk is in de kern gericht op het vinden van de vergelijking van een rechte lijn die bij de trainingsgegevens past. Naarmate je meer trainingsgegevens toevoegt, wordt de lijn aangepast om de afstand tot alle gegevenspunten te minimaliseren. Als zodanig werkt lineaire regressie het beste op zeer grote datasets.

Dit is een vrij eenvoudig type algoritme, maar een van de belangrijkste stelregels van machinaal leren is dat je geen complex algoritme gebruikt waarbij een eenvoudig algoritme net zo goed werkt.

Logistieke regressie

Als lineaire regressie een rechte lijn op een 2D-vlak was, logistische regressie is zijn oudere broer die gebogen lijnen op een multidimensionaal gebied gebruikt. Het is veel krachtiger dan lineaire regressie, maar het is ook complexer.

Logistische regressie kan meer dan één verklarende variabele aan. Het is een classificatie-algoritme en de outputs zijn binair (een schaal van 0 tot 1). Als resultaat modelleert het de waarschijnlijkheid (bijv. “.887 "of".051 ”) dat de invoer deel uitmaakt van een bepaalde classificatie. Als je het op verschillende classificaties toepast, krijg je de kans dat het datapunt bij elke klasse hoort. Door deze kansen in kaart te brengen, krijgt u een niet-lineaire multi-planaire curve die bekend staat als een 'sigmoid'. Logistische regressie het eenvoudigste algoritme voor niet-lineaire toepassingen.

Beslissingsbomen

Als je een stroomschema hebt gezien, begrijp je het basisidee achter een beslissingsboom. De boom zet een reeks criteria uit. Als het eerste criterium een "ja" is, beweegt het algoritme langs de boom naar de ja-richting. Als het een "nee" is, beweegt het algoritme in de andere richting. Beslissingsboomalgoritmen verfijnen de criteria en mogelijke antwoorden totdat ze consistent een goed antwoord geven.

In moderne machinaal leren is het zeldzaam om één beslissingsboom te zien. In plaats daarvan worden ze vaak tegelijkertijd met andere bomen om efficiënte besluitvormingsalgoritmen te bouwen opgenomen.

Willekeurig bos

Willekeurig bos is een type algoritme dat meerdere beslissingsbomen combineert. Het introduceert het concept van een "zwakke leerling" in het algoritme. Kortom, een zwakke leerling is een voorspeller die het op zichzelf slecht doet, maar wanneer het samen met andere zwakke leerlingen gebruikt wordt, levert de wijsheid van menigten een goed resultaat op.

Willekeurig geïmplementeerde beslissingsbomen zijn de zwakke leerlingen in een willekeurig bos. Elke beslissingsboom leert als onderdeel van de implementatie van het algoritme. Een overkoepelende sterke voorspeller is echter ook het leren combineren van de resultaten van de verschillende bomen.

K-Betekent Clustering

Dit is een leeralgoritme zonder toezicht dat probeert de gegevens in k aantal clusters te groeperen. Hoewel er geen toezicht is, moet de datawetenschapper in het begin wel richting geven. Ze stellen afbeeldingen of gegevenspunten in die het midden van elk cluster moeten zijn. Met andere woorden, datapunten die archetypisch zijn voor wat het cluster vertegenwoordigt. Tijdens de training worden alle afbeeldingen of datapunten aan het cluster waar ze het dichtstbij zijn gekoppeld. Uiteindelijk komen deze datapunten met hun geschikte clusters samen.

Er zijn andere snellere of meer geoptimaliseerde methoden voor clustering zonder toezicht. K-betekent blijft populair omdat het goed ingeburgerd, gedocumenteerd en over het algemeen effectief is.

K-Dichtstbij *buren*

K-Dichtstbijzijnde Buren (KNN) is een classificatie-algoritme. Het deelt enkele overeenkomsten met K-Betekent Clustering, maar het is fundamenteel anders, omdat het een leeralgoritme onder supervisie is, terwijl K-Betekent niet onder toezicht staat. Vandaar het kleine verschil in terminologie van clustering naar classificatie. KNN wordt getraind met gelabelde gegevens, zodat het toekomstige gegevens kan labelen. K-Betekent kan alleen proberen gegevenspunten te groeperen.

KNN vergelijkt nieuwe datapunten met de bestaande datapunten uit de gelabelde trainingsdataset. Het zoekt vervolgens naar de "naaste buren" van die nieuwe gegevens en koppelt die labels.

Hoofd onderdeel Analyse

Hoofd onderdeel Analyse (PCA) reduceert een dataset tot de belangrijkste trends. Het is een algoritme zonder toezicht dat u zou voor een zeer grote gegevensset om de gegevens in eenvoudiger bewoordingen te begrijpen gebruiken. Het vermindert de afmetingen van uw gegevens. Het richt zich echter ook op grote variantie tussen de dimensies (of hoofdcomponenten), zodat u het gedrag van de oorspronkelijke dataset niet verliest.

WAT ER NODIG IS OM EEN NIEUW ALGORITME TE SCHRIJVEN

We hebben enkele van de belangrijkste algoritmen behandeld en er zijn er nog meer die de kern van de theorie van machinaal leren vormen. Buiten deze kern algoritmen komt het echter zelden voor dat iemand iets echt nieuws uitvindt. Typisch zijn nieuwe algoritmen verbeteringen op bestaande theorieën. Of ze een algoritme voor gebruik in een nieuw scenario aanpassen.

Een deel van de reden dat nieuwe algoritmen zelden uitgevonden worden, is omdat het erg moeilijk is. Het maken van een algoritme vereist een sterke kennis van complexe wiskunde. Het vereist ook uitgebreide bewijzen en testen. Bovendien zijn de laaghangende en voor de hand liggende algoritmen al uitgevonden.

Dat is echter nog niet alles. Goede algoritmen zijn zowel effectief als efficiënt, een lastige combinatie om te achterhalen. Machinaal leren is zowel een rekenprobleem met duizenden datapunten als een wiskundeprobleem. Foutopsporingsalgoritmen kunnen ook erg moeilijk zijn, omdat het niet eenvoudig is waar dingen fout gegaan zijn.

Waar mogelijk moet een machinaal leren-project bestaande geteste en herziene algoritmen toepassen. Het coderen van uw eigen algoritmen vanaf het begin of het samenvoegen van een hybride benadering wordt afgekeurd, omdat het fouten kan introduceren, langzame resultaten kan opleveren of bugs kan bevatten.

Soms zullen ontwikkelaars en datawetenschappers een bestaand algoritme in een nieuwe context moeten aanpassen of implementeren. Of misschien is een bestaand algoritme niet snel genoeg voor een gewenste toepassing. De meeste machinaal leren-applicaties kunnen bestaande algoritmen en bibliotheken echter effectief gebruiken zonder vanaf nul te hoeven coderen.

HOOFDSTUK 4 EEN ALGORITME TRAINEN EN INZETTEN

Dit is de stap waar het daadwerkelijke machinaal leren plaatsvindt. Na het voorbereiden van de dataset, selecteren datawetenschappers verschillende vergelijkbare algoritmen waarvan zij denken dat ze kunnen werken om de taak te volbrengen. Nu is de uitdaging om die algoritmen op de dataset te trainen en de resultaten te vergelijken.

Voordat u begint, kan het vaak moeilijk zijn om te bepalen welk algoritme het beste voor een machinaal leren-toepassing werkt. Om die reden is het het beste om eerst meerdere algoritmen te trainen, er een of een paar te selecteren die het beste presteren en die algoritmen vervolgens af te stemmen totdat u een model krijgt dat het beste aan uw behoeften voldoet.

Als we 'beste' zeggen, kan dat meerdere dingen betekenen. We willen natuurlijk dat het model nauwkeurige voorspellingen doet, dus nauwkeurigheid is een belangrijk onderdeel. Als het model echter middelen- of tijdrovend is om die resultaten te krijgen, kan het logischer zijn om een eenvoudiger algoritme te kiezen. We krijgen iets minder nauwkeurige resultaten, maar ze komen veel sneller.

BETROKKEN PROGRAMMERING

Machinaal leren bevindt zich op het snijvlak van statistiek, calculus en informatica. Omdat we met machines te maken hebben, zullen we natuurlijk machinaal leren-instructies in een programmeertaal moeten schrijven. Met de groeiende interesse in ML wordt het snel een enorm groeigebied voor nieuwe softwareontwikkelaars. Vaardigheden in machinaal leren zijn zeer waardevol

Tot nu toe hebben we het nog niet over de programmeertalen en benaderingen die ontwikkelaars gebruiken om hun machinaal leren-applicaties te coderen en te maken gehad. Dit gedeelte is maar een kort overzicht van de belangrijkste spelers.

Python is verreweg de meest populaire taal voor het maken van machinaal leren-applicaties. Het is ook de taal met de meeste voorkeur in enquêtes voor ontwikkelaars over machinaal leren. Een groot deel van het succes van Python is de eenvoud in vergelijking met andere programmeertalen. Bovendien is Google's open source-bibliotheek met algoritmen voor machinaal leren, TensorFlow, op Python gebaseerd. De bronnen en de community zijn sterk voor machinaal leren-applicaties die op Python gebouwd zijn.

Java en C / C ++ volgen Python met een ruime marge in populariteit. Het zijn oudere talen en ze zorgen voor een lagere optimalisatie van de omgeving waarin het algoritme zal uitgevoerd worden. Java en C / C ++ worden in veel toepassingen gebruikt, niet alleen in machinaal leren. Dit betekent dat er veel ontwikkelaars zijn die deze talen begrijpen. Er zijn enkele bibliotheken voor machinaal leren voor deze talen, maar niets op de schaal van TensorFlow.

R is een andere programmeertaal die vaak het gesprek over machinaal leren binnenkomt. Het is een gespecialiseerde taal die ontworpen is voor data wetenschap-toepassingen. Hoewel R zeker zijn plaats in machinaal leren heeft, komt het zelden voor dat een project R als hoofd- of voorkeurstaal kiest. In plaats daarvan is het meer een aanvullende taal dan de hierboven genoemde.

Het is natuurlijk mogelijk om machinaal leren-code in veel verschillende talen te schrijven. Er zijn andere talen die gespecialiseerd in bepaalde gebieden van statistiek zijn, datawetenschap of modellering. Julia, Scala, Ruby, Octave, MATLAB en SAS zijn allemaal opties die af en toe voorkomen bij machinaal leren-projecten. Deze talen zijn echter eerder uitzonderingen dan regel.

STATISCH VERSUS DYNAMISCH

Zodra u een programmeertaal gekozen heeft en een bibliotheek geïnstalleerd heeft om u bij het implementeren van de algoritmen die u wilt uitvoeren te helpen, bent u klaar om uw algoritmen te trainen.

Er zijn twee soorten training voor machinaal leren. De eerste is een statische training die offline getraind wordt en vervolgens afgemaakt wordt totdat datawetenschappers een nieuwe trainingssessie starten. De tweede is een dynamische training waarbij het model voor onbepaalde tijd tijdens de productie blijft leren.

Statische modellen zijn veel gemakkelijker te bouwen. Ze zijn ook gemakkelijker op nauwkeurigheid te testen en hebben de neiging om minder problemen bij de implementatie te ondervinden. Als uw gegevens in de loop van de tijd niet of zeer langzaam veranderen, is een statisch model de juiste keuze, omdat het goedkoper en gemakkelijker te onderhouden is.

Dynamische modellen zijn veel arbeidsintensiever om te implementeren. Ze vereisen ook constante monitoring van de inkomende gegevens om ervoor te zorgen dat het model niet op ongepaste wijze scheeftrekt. Omdat dynamische modellen aan veranderende gegevens zich aanpassen, zijn ze veel beter in het voorspellen van zaken als markten of het weer, waar patronen constant in beweging zijn.

AFSTEMMEN EN FEATURE-ENGINEERING

Het werk van een datawetenschapper houdt niet op bij het kiezen van een handvol algoritmen en deze te laten uitvoeren. Om optimale prestaties te krijgen, moet de persoon die het algoritme programmeert, de invoerparameters die in het algoritme opgenomen worden instellen. Omdat problemen met machinaal leren vaak complex zijn, kan het moeilijk zijn om te beslissen welke parameters relevant zijn en hoeveel er moeten opgenomen worden.

Het proberen van verschillende combinaties van parameters en het verfijnen van de beste mix staat bekend als algoritme-afstemming. Er is hier geen absoluut juist antwoord. In plaats daarvan is elke afstemmingstaak een kwestie van het afstemmen van het algoritme op de context waarin het geïmplementeerd wordt.

Een ander gerelateerd concept voor afstemming is feature engineering. Soms, zoals in het geval van beeldherkenning, is het voeden van een computer met een gegevensstroom niet voldoende om te begrijpen wat hij ziet. Hoewel diep leren en neurale netwerken vooruitgang op de voorkant van computers die van afbeeldingen leren geboekt hebben, is feature-engineering een handige manier om een computer te vertellen waarnaar hij moet zoeken. U kunt een functie ontwerpen waarmee een computer een rechte lijn of de rand van een object kan identificeren. Omdat je die functie handmatig gecodeerd hebt, is het technisch gezien geen machinaal leren, maar nu weet de machine waarnaar hij moet zoeken.

Technische kenmerken kunnen de prestaties drastisch verbeteren.

EEN ALGORITME WEGGOOIEN

Als alles goed gaat, is het resultaat een model dat geleerd heeft om nauwkeurig voorspellingen, clusters of classificaties in uw data te maken.

De donkere kant van machinaal leren zijn echter algoritmen die niet werken. Er gaat momenteel veel tijd en geld naar toepassingen voor machinaal leren. Helaas zullen veel van deze applicaties als blindgangers eindigen.

Misschien zijn de algoritmen slecht gekozen of geïmplementeerd. Het is waarschijnlijker dat het project niet genoeg of het juiste type gegevens heeft om succesvol te zijn. Er wordt onvoldoende gerapporteerd hoe vaak machinaal leren-projecten mislukken.

Het frustrerende is dat het moeilijk kan zijn om te zeggen waarom uw project mislukt. Je zou heel veel gegevens kunnen hebben en veel algoritmen kunnen testen en afstemmen zonder resultaat. Dit geldt vooral voor complexe problemen of algoritmen die meerlagige neurale netwerken of willekeurige bossen implementeren. Het is moeilijk te zeggen waar het fout gegaan is. Soms investeren datawetenschappers veel tijd in een project, maar ontdekken ze dat ze alles moeten weggooien en opnieuw met meer, nieuwe of andere data moeten beginnen.

Dit lijkt misschien een vreemd gedeelte om op te nemen in een boek dat zo optimistisch is over machinaal leren. Ik denk echter dat het belangrijk is om te benadrukken dat we nog steeds veel over het maken en gebruiken van machinaal leren-projecten niet weten. Projecten mislukken de hele tijd en het is moeilijk om ze op te lossen. Dat is een belangrijke realiteit van machinaal leren. Het is van cruciaal belang dat we erkennen dat het feit dat een machinaal leren-model een antwoord oplevert, niet betekent dat het altijd juist of onweerlegbaar is.

We moeten machinaal leren als hulpmiddel respecteren en bewonderen. Maar uiteindelijk is het precies dat: een hulpmiddel.

5. PROBLEEMOPLOSSING REAL-WORLD TOEPASSINGEN VAN MACHINAAL LEREN

Nu je een basiskennis van hoe machinaal leren werkt hebt, is het interessant om eens te kijken naar alledaagse voorbeelden van machinaal leren die je misschien niet eens herkend hebt.

VERVOER

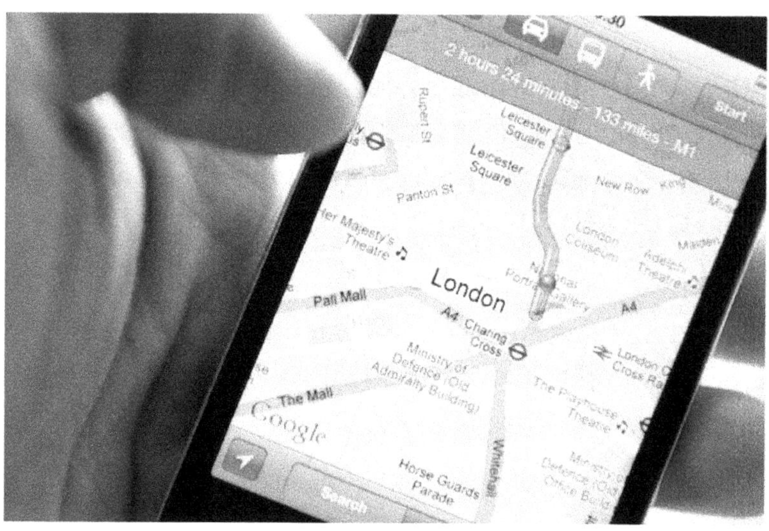

Wanneer u Google Maps opent om een routebeschrijving op te halen, gebruikt u een dynamisch model voor machinaal leren. Het maakt gebruik van geanonimiseerde gsm-gegevens van chauffeurs in uw omgeving om reistijden voor verschillende paden te krijgen. Het model integreert ook gegevens van Mist over wegafsluitingen, ongevallen en andere gebruikersrapporten. Samen voorspelt het model de snelste route en geschatte aankomsttijd op basis van realtime informatie.

Lyft en Uber bouwen op deze gegevens voort met hun eigen algoritmen voor machinaal leren die dynamische prijzen en tariefberekening stimuleren. Ze laten u ook weten hoe snel u een chauffeur kunt verwachten en wanneer u waarschijnlijk op uw bestemming aankomt, zelfs als u andere mensen ophaalt en routeert in het geval van Uber Pool- of Lyft Line-ritdiensten.

Dezelfde routeberekeningen, logistiek en aankomst berekeningen zijn ook op langeafstandsvervoer, scheepvaart en zelfs vliegtuignavigatie van toepassing. Modellen helpen bij het voorspellen van de snelste en veiligste manier om goederen en mensen te vervoeren en tegelijkertijd de efficiëntie te maximaliseren.

PRODUCTAANBEVELINGEN

Elke keer dat een bedrijf u een aanbeveling online doet, kunt u ervan uitgaan dat een algoritme voor machinaal leren aan het maken van die voorspelling bijgedragen heeft. Amazon weet in welke producten u mogelijk geïnteresseerd bent op basis van wat u eerder bekeken en gekocht hebt. Netflix weet welke films je leuk vindt, omdat het van alle films die je eerder hebt bekeken leert.

Customers who bought this item also bought

kindleunlimited

Mastering Bitcoin for Starters: Bitcoin and Cryptocurrency...
› Alan T. Norman
166
Kindle Edition
$0.99

Blockchain Technology Explained: The Ultimate Beginner's Guide About...
› Alan T. Norman
76
#1 Best Seller in Virtualization
Kindle Edition
$0.99

Dit gaat dieper dan alleen het geven van aangepaste aanbevelingen, het geldt ook voor advertenties. Facebook kent een heleboel persoonlijke gegevens over u en ze gebruiken die gegevens om aan te passen welke advertenties ze u laten zien. Hetzelfde kan gezegd worden voor YouTube, Twitter, Instagram en alle andere sociale media.

Bovendien gebruikt Google uw persoonlijke gegevens om de resultaten die u ontvangt wanneer u een zoekopdracht uitvoert aan te passen. Zo is de kans groter dat lokale bedrijven in uw stad of artikelen van websites of schrijvers die u eerder bezocht heeft, aanbevolen worden. Net als bij sociale media past Google ook zijn advertenties voor u aan. U gelooft me niet? Voer een zoekopdracht uit op Google in uw browser en voer vervolgens dezelfde zoekopdracht uit in een incognitovenster in uw browser (verwijdert cookies en inloggegevens). Voor de meeste zoekopdrachten, vooral onderwerpen die u eerder onderzocht hebt , zult u zien dat u verschillende resultaten krijgt.

Zelfs persoonlijk machinaal leren zal de manier waarop we producten kopen veranderen. Grote detailhandelaren kijken naar computer visie-applicaties die identificeren wat u al in uw winkelmandje heeft en die aanbevelingen kunnen doen. Andere systemen gebruiken gezichtsherkenning om te identificeren wanneer klanten verdwaald of verward zijn, en ze kunnen een medewerker waarschuwen om te helpen. Deze systemen staan nog in de kinderschoenen, maar ze vertegenwoordigen de manier waarop machinaal leren in elk aspect van het leven geïntegreerd wordt, inclusief interacties van mens tot mens.

FINANCIERING

Elke grote bank gebruikt machinaal leren om hun activiteiten te vereenvoudigen. In regelgevende technologie kunnen algoritmen voor machinaal leren banken helpen bepalen of hun processen en documentatie aan de overheidsnormen voldoen. Andere algoritmen voor machinaal leren voorspellen markttrends of bieden investeringsinzichten.

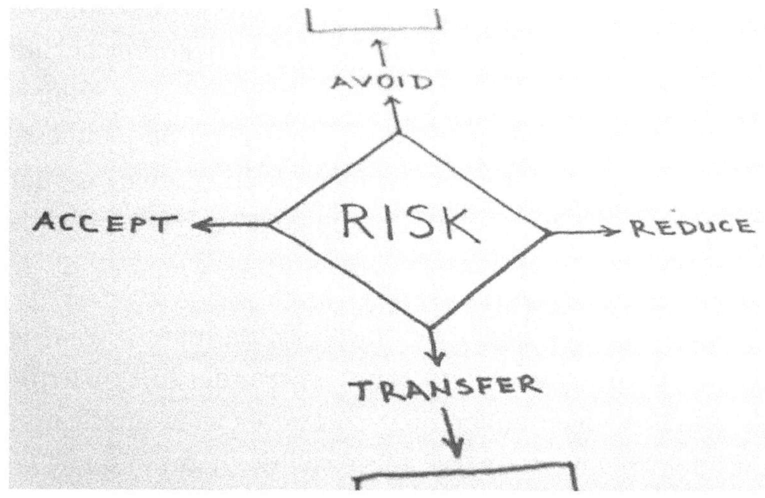

Voor kredietaanvragen of kredietlijnen kan machinaal leren banken helpen het risico van kredietverlening aan een bepaalde klant te voorspellen. Deze modellen kunnen vervolgens voorwaarden en tarieven voorstellen die aan de aanvrager zijn aangepast. Bij het bankwezen maakt ML-aangedreven tekenherkenning het mogelijk om een cheque te storten met de camera van uw smartphone. Machinaal leren kan ook frauduleuze transacties op uw account detecteren en voorkomen.

Spraakassistenten, slimme huizen en auto's

Siri en Alexa vertrouwen op machinaal leren om menselijke spraak te begrijpen en erop te reageren. Gesproken AI is het snijvlak van machinaal leren en neurale netwerktraining. We zijn redelijk goed geworden in spraakherkenning en het beantwoorden van basisvragen als 'Wat wordt het weer vandaag?' De volgende uitdaging is om een gesproken AI te krijgen die over muziek, literatuur, actuele gebeurtenissen of andere complexe ideeën kan praten.

De rol van spraak zal de komende jaren alleen maar groter worden naarmate we steeds meer vertrouwen op onze persoonlijke assistenten. Dit is vooral krachtig in combinatie met de beweging naar slimme huizen en autonome voertuigen. Het is mogelijk om je een toekomst voor te stellen waarin je elk aspect van je huis en vervoer intuïtief kunt bedienen door met een stemassistent te spreken. Elk van deze systemen, zoals slimme thermostaten, intelligente beveiligingssystemen en zelfrijdende auto's, gebruiken op hun beurt hun eigen algoritmen voor machinaal leren om de taken die we van ze verlangen uit te voeren.

Conclusie

Natuurlijk zijn er nog talloze andere gebruiksscenario's voor machinaal leren in de gezondheidszorg, de industrie, de landbouw en overal in ons leven. Machinaal leren is overal nuttig waar er gegevens zijn en we hulp bij het begrijpen, voorspellen of gebruiken van die gegevens nodig hebben.

Machinaal leren is krachtig en zal in ons dagelijks leven een prominente plaats blijven innemen. Daarom is het belangrijk dat iedereen een basiskennis van hoe het werkt, de mogelijke gebreken en de enorme kansen heeft. Hopelijk heeft deze snelle beginnershandleiding een solide basis voor de leek die geïnteresseerd is in de basis opgeleverd.

Dat gezegd hebbend, er is zoveel meer aan machinaal leren dat niet in dit boek behandeld wordt! Er zijn geweldige online en in druk bronnen beschikbaar om uw kennis van deze belangrijke technologie nog verder uit te breiden. Ik hoop dat dit nog maar het begin van uw machinaal leren-traject is.

Bedankt voor het lezen.

OVER DE AUTEUR

Alan T. Norman is een trotse, slimme en ethische hacker uit San Francisco City. Na het behalen van een Bachelor of Science aan Stanford University Alan werkt nu voor een middelgroot bedrijf voor informatietechnologie in het hart van SFC. Hij streeft ernaar om voor de Amerikaanse overheid te werken als beveiligingshacker, maar leert anderen ook graag over de toekomst van technologie. Alan is er stellig van overtuigd dat de toekomst sterk afhankelijk van computer "geeks" zal zijn voor zowel de veiligheid als het succes van allebei bedrijven als toekomstige banen. In zijn vrije tijd houdt hij ervan om alles over het basketbalspel te analyseren en te onderzoeken.

BITCOIN WHALES-BONUSBOEK

Vind de link naar het bonusboek hieronder

Link op boek: http://bit.ly/2LprwpV

ANDERE BOEKEN DOOR ALAN T. NORMAN:

Bitcoin beheersen voor starters

Cryptocurrency Investing Bible

Blockchain-technologie uitgelegd

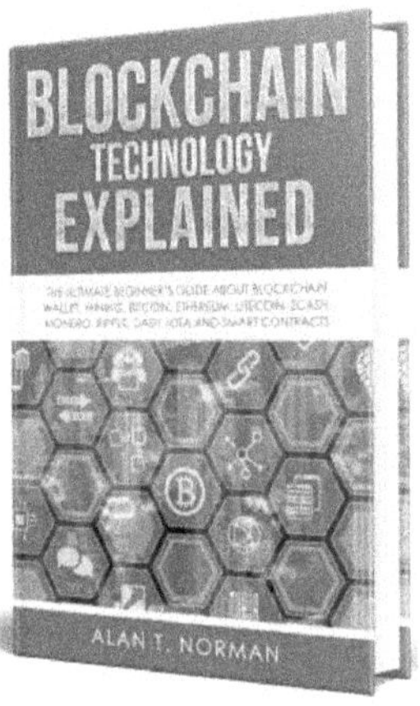

Hacken: Beginnershandleiding voor computerhacken

Hacken: hoe u uw eigen keylogger in programmeertaal C ++ kunt maken

GEHACKT: Kali Linux en Wireless Hacking Ultimate Guide

EN NOG ALS LAATSTE

HEEFT U VAN HET BOEK GENOTEN?

ZO JA, LAAT HET ME DAN WETEN DOOR EEN EVALUATIE OVER AMAZON! Recensies zijn de levensader van onafhankelijke auteurs. Ik zou zelfs een paar woorden en rating op prijs stellen als dat alles is waar u tijd voor hebt.

ALS U DIT BOEK NIET LEUK VOND, VERTEL HET ME DAN! E-mail me op alannormanit@gmail.com en laat me weten wat u niet leuk vond! Misschien kan ik het veranderen. In de wereld van vandaag hoeft een boek niet stil te staan, het kan met de tijd verbeteren met evaluaties van lezers zoals u. U kunt dit boek beïnvloeden en ik ben blij met uw evaluatie. Help mee om dit boek voor iedereen beter te maken!

www.ingramcontent.com/pod-product-compliance
Ingram Content Group UK Ltd.
Pitfield, Milton Keynes, MK11 3LW, UK
UKHW021931200726
13853UKWH00010B/70